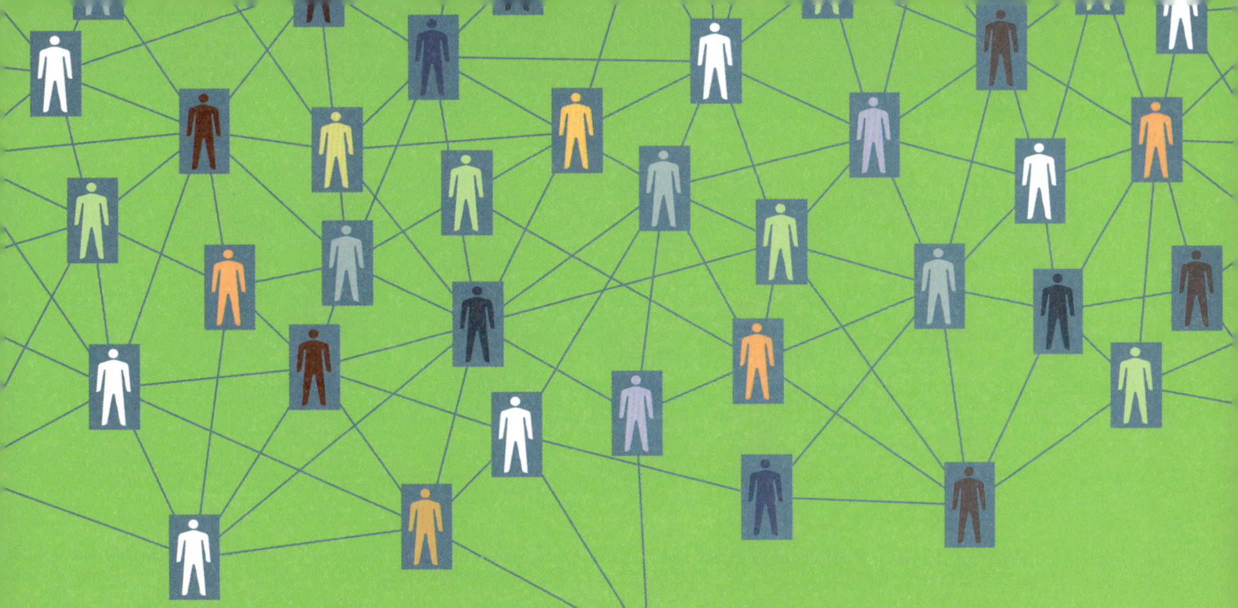

계명인성교육총서·3

Global Citizen CCP-E

초등학생 인성함양을 위한

글로벌 시티즌 CCP-E

|계명대학교 계명인성교육원 편|

Workbook

계명대학교 출판부

머 리 말

최근 한국교육의 화두 중 하나는 인성교육이다. 사회를 구성하는 개인의 행복과 성장, 그리고 사회정의의 실현과 국가발전을 위한 과제의 하나로 인성교육이 강조되고 있다.

한국교육개발원의 '2012년 교육 여론조사'에 의하면, 교육과정에서 인성교육이 더 중시되어야 한다고 응답한 비율은 초등학교 45.6%, 중학교 39.5%, 고등학교 27.3%였다. 또, 교육부는 2014년 인성교육을 의무화하는 인성교육진흥법을 제정하고, 2015년부터 시행하고 있는데, 이로써 제도권 교육 내에서 인성교육을 강화할 수 있는 기초가 마련되었다. 이러한 여론조사 결과와 교육부의 행보는 초중등 학교에서 인성교육이 적극적으로 시행되어야 함을 보여준다.

그런데 현실에서 인성교육을 통해 우리가 소망하는 것들을 이루기 위해서는 많은 과제들을 해결해 나가야 한다. 그 중 하나가 바로 효과적인 인성교육 프로그램 개발이다. 대학의 역할 중 하나는 사회적 기여인데, 계명대학교에서는 이러한 대학의 사회적 역할과 기대에 부응하기 위해 초등학생들을 대상으로 한 인성교육 프로그램을 개발하여 보급하고자 한다.

이 책은 초등 인성교육에 대한 사회의 요구에 부응하기 위해서, 초등학생에게 적합한 체험 활동형 인성함양 프로그램이다. 이 책은 자기 성장, 타인과의 소통, 그리고 지역사회, 국가, 세계라는 공동체에서 공존 · 공생 · 공영하는 데 필요한 지식과 역량을 학습하고, 이를 실생활에서 실천할 수 있도록 구성하였다. 초등학생들은 이 프로그램을 통해 도덕성, 사회성, 정체성을 증진하고, 더불어 살아가는 삶의 가치를 이해할 수 있을 것이다.

마지막으로 이 책이 나오기까지 수고를 아끼지 않으신 많은 분들이 계셨다. 먼저, 프로그램 개발을 위해 오랜 시간 함께 토론하고 고민해 온 계명인성교육원의 '초등 글로벌 시티즌 인성함양 프로그램' 개발팀의 교수님들께 감사드린다. 또, 계명인성교육원의 원장님과 부원장님의 아낌없는 지원과 행정팀의 수고에 감사드린다. 마지막으로 이 책이 출판되기까지 많은 힘을 보태 주신 계명대학교 출판부에 감사드린다.

인성교육을 위한 여러 사람의 마음이 담겨 있는 이 책을 통해, 초등학생들이 자기 자신을 만나 더 사랑하게 되고, 타인의 삶을 이해하고 더 나아가 세계 시민으로서의 감성을 키우는 계기가 되기를 바란다.

글로벌 시티즌 CCP-E 워크북

이 프로그램은 계명대학교 인성교육원에서 인성을 갖춘 교양 인재 양성을 위해 개발한 프로그램인 '계명 글로벌 시티즌 프로그램'의 연장선상에서, 〈그림 1〉에서 제시한 것과 같이 초등학생을 대상으로 개발한 글로벌 시티즌 CCP-E(Character Cultivation Program-Elementary) 프로그램이다.

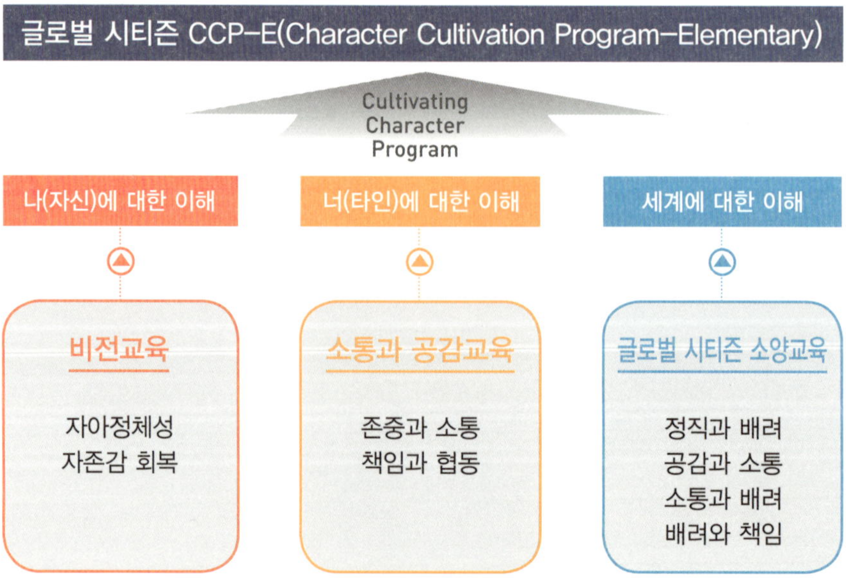

| 그림 1 | 글로벌 시티즌 CCP-E

본 프로그램은 글로벌 시티즌이 되는 소양을 기르는 데 도움을 주기 위해 다음의 3단계 구성을 취한다.

• **시작: 오리엔테이션(1시간)**

시작단계는 전체프로그램의 오리엔테이션이 진행된다. 계명 글로벌 시티즌 CCP-E 프로그램을 간략하게 소개하고, 일정과 진행과정을 설명한다.

• **1단계: 진정한 나를 찾는 비전교육(2시간)**

1단계에서는 열등감을 극복하고 긍정적인 자기 정체성을 수립하며 자존감을 높인다. 또한 활동을 통해 자신의 장래에 대한 비전을 수립하도록 돕는다.

• **2단계: 타자와의 소통과 공존교육(2시간)**

2단계에서는 타자와 올바른 관계를 수립하고 그 관계를 잘 유지할 수 있도록 의사소통 능력을 배양하고, 타자와의 공존에 필요한 리더십을 발휘할 수 있게 한다.

• **3단계: 화합을 위한 글로벌 시티즌 소양교육(4시간)**

3단계에서는 동일한 문화나 유사한 문화 내에서의 의사소통을 넘어 타문화 이해와 타문화와의 의사소통을 돕는 글로벌 의사소통 프로그램을 제시한다. 그리고 글로벌 시대의 세계 윤리와 문화다양성에 대한 프로그램을 통해 세계 시민으로서의 기본적인 소양을 습득하게 한다.

• **마무리: 아름다운 마무리(1시간)**

마무리단계에서는 프로그램에 참가한 모습과 만들었던 성과물을 함께 감상한 후 느낀 점을 공유한다.

| 그림 2 | **글로벌 시티즌 CCP-E의 단계별 프로그램**

글로벌 시티즌 CCP-E 워크북

본 프로그램은 초등학생을 위해 다음과 같이 3단계, 10차시로 구성되었다. 그 구체적인 내용은 다음과 같다.

(1) 시작: 오리엔테이션

시작단계에서는 계명 글로벌 시티즌 CCP-E 프로그램을 간략하게 소개하고, 일정과 진행과정을 설명한다. 그리고 색종이를 이용해서 별칭을 만들고 타인 별칭을 외우며 친밀감을 형성한다.

프로그램명: 오리엔테이션 – 친밀감 형성(40분)	
목　　표	• 프로그램의 필요성과 의의를 인지한다. • 프로그램에 대해서 기대와 희망을 갖는다. • 참가자 간 친밀감을 형성한다.
세부 내용	• 계명 글로벌 시티즌 CCP-E 프로그램을 소개한다. • 일정과 진행과정을 설명한다. • 색종이를 이용해서 별칭을 만들고 별칭을 외우는 시간을 가진다.
도　　구	• 워크북, 색종이, 조용한 음악

(2) 1단계: 진정한 나를 찾는 비전교육

나(자신)에 대한 이해 1: 나, 이런 사람이야

가족들이 생각하는 나의 모습을 통해 자신의 참모습이 무엇인지 탐색함으로써 자아정체성을 확립할 수 있게 한다.

프로그램명: 나, 이런 사람이야 – 자아정체성 확립(40분)	
목 표	• 나의 특성에 대해 기술할 수 있다. • 가족이 보는 자기 이미지를 객관화하고 새로운 자기 이미지를 형성할 수 있다. • 현재의 자아상과 바라는 자아상을 설명할 수 있다.
세부 내용	• 문장 완성 검사를 하고 발표한다. • 칭찬모빌을 만들고 느낀 점을 발표한다.
도 구	• 워크북, 실, 바늘, 네임펜, 색종이(두꺼운 것)

나(자신)에 대한 이해 2: 내가 제일 잘 나가

삶의 진정한 주인공으로서 이루고 싶은 비전을 맵으로 그려보면서 자신의 사명을 발견하고 이를 실행하기 위한 계획을 수립한다.

프로그램명: 내가 제일 잘 나가 – 자존감 회복(40분)	
목 표	• 나는 누구인가에 대한 답을 구하고 스스로를 이해한다. • 자신이 가장 좋았던 때를 회상하고 가장 힘들었던 때를 새롭게 이해한다. • 자존감을 회복한다.
세부 내용	• 가장 불행했던 시절을 그림으로 그리게 한 후 그 그림을 던지고 그 때의 감정과 관련해서 소리를 지르거나 행동으로 표출하게 한다. • 내가 가장 행복했던 시절을 그리고 말로 표현하게 한다.
도 구	• 워크북, 필기도구, 풍선, 네임펜

(3) 2단계: 타자와의 소통과 공감교육

너(타인)에 대한 이해 1: 입을 맞춰요

의사소통의 요소 중에서도 정확하게 말하기, 정확하게 듣기, 의사 확인 등의 중요성을 함양하기 위한 프로그램이다. 또래 집단 내에서 너와의 관계에서 우선시되는 협동심을 증진시키는 데도 도움이 된다.

프로그램명: 입을 맞춰요 – 존중과 소통(40분)	
목　　표	• 의사소통 및 의사 확인의 필요성을 설명할 수 있다. • 맡은 역할에 대한 책임감을 가질 수 있다.
세부 내용	• 모둠을 구성하여 정확하게 말하고 정확하게 듣는 훈련을 한다. • 대화의 중요성을 깨닫게 하여 또래 관계의 친밀감을 높인다.
도　　구	• 워크북, 필기도구

너(타인)에 대한 이해 2: 나는 리더다

리더의 조건에 대해 이야기를 나누고 또한 모둠원이 찾아주는 장점을 통해 높은 꿈을 갖고 자존감을 향상시킨다. 동시에 진정한 리더는 나 혼자만이 아니라 함께임을 인식하고 리더십을 발휘하는 것임을 인지시킨다.

프로그램명: 나는 리더다 – 책임과 협동(40분)	
목　　표	• 자신의 장점을 발견함으로써 자존감을 높일 수 있다. • 21세기가 요구하는 리더의 조건을 기술 및 설명할 수 있다. • 장래 꿈에 관한 계획을 세울 수 있다.
세부 내용	• 리더의 조건과 역할에 대해 생각해 본다. • 장점 발견 활동을 통해 자존감을 높인다.
도　　구	• 젠가, 사인펜 • 워크북

(4) 3단계: 화합을 위한 글로벌 시티즌 소양교육

세계에 대한 이해 1: 정직SONG & 배려SONG

자신이 속한 공동체에서 정직이나 배려를 실천해야 하는 이유와 가치를 이야기해 본다. 구체적으로 자신이 실천할 정직과 배려에 대해 생각해봄으로써, 정직하고 배려하는 삶의 태도를 형성하도록 한다.

프로그램명: 정직SONG & 배려SONG – 정직과 배려(40분)	
목 표	• 정직과 배려의 필요성과 가치를 이해할 수 있다. • 정직하고 배려하는 삶의 태도를 기를 수 있다.
세부 내용	• 공동체에서 정직이나 배려를 실천해야 하는 이유와 가치를 이야기해 본다. • 공동체에서 필요한 정직과 배려를 주제로 '정직SONG' 또는 '배려SONG'을 만든다. • 모둠별로 노래를 연습한 후에 발표한다.
도 구	• 워크북, 필기도구, 리듬 악기

세계에 대한 이해 2: 틀린 문화 말고, 다른 문화

타문화에 대한 이해와 존중의 태도를 함양하고 세계시민으로서의 기본적인 인성을 형성할 수 있다. 더불어 문화에 대한 편견 없이 외국인과 어울리면서 상호 유대감을 강화하고 서로 다른 문화에 대한 관심과 이해를 증진한다.

프로그램명: 틀린 문화 말고, 다른 문화 – 공감과 소통(40분)	
목 표	• 문화적 차이로 인한 갈등 유형과 해결 방안을 말할 수 있다. • 문화적 다양성을 존중하는 태도를 설명할 수 있다.
세부 내용	• 문화적 편견에 무엇이 있는지 이야기해 본다. • 문화적 차이에 대한 이해 부족으로 인해 발생한 문제를 역할극을 통해 체험한다. • 문화적 차이를 인정하고 문화 다양성을 존중하기 위한 방법을 찾아본다.
도 구	• 워크북, 필기도구

세계에 대한 이해 3: 글로벌 에티켓을 지켜요

다양한 글로벌 문화 에티켓에 대한 이해를 통해 글로벌 시대에 우리가 외국인과의 원활한 의사소통을 위해 필요한 에티켓이 무엇인지 알고, 이를 실천할 수 있게 한다.

프로그램명: 글로벌 에티켓을 지켜요 – 소통과 배려(40분)	
목　　표	• 글로벌 시대와 세계 공동체에 대해 설명할 수 있다. • 글로벌 에티켓의 중요성을 설명할 수 있다.
세부 내용	• 글로벌 시대와 세계 공동체를 설명하고 경험을 나눈다. • 글로벌 에티켓을 이해하고 지켜야 할 내용을 이해한다.
도　　구	• 워크북, A4용지, 볼펜, 사인펜, 도화지, 색연필, 물감 등 그리기 도구

세계에 대한 이해 4: 유니세프와 함께 세계 친구야 파이팅

유니세프의 활동과 목적에 대해서 이해하고, 함께 공존하는 세계에 대해 성찰한다. 또한 세계시민의 한 사람으로서 나눔과 배려가 필요한 지구촌의 상황에 대해 이해함으로써 세계시민으로서의 책임과 의무를 내면화한다.

프로그램명: 유니세프와 함께 세계 친구야 파이팅 – 배려와 책임(40분)	
목　　표	• 세계 시민으로서의 책임과 의무를 기술할 수 있다. • 나눔과 배려의 가치를 설명할 수 있다. • 스스로 실천할 수 있는 나눔과 배려의 실천 목표를 수립한다.
세부 내용	• 〈유니세프〉 동영상을 시청하고, 나눔과 배려의 의미를 생각해보고 글로 표현한다. • 각자 나눔과 배려를 실천할 방법을 생각해보고 글로 표현한다.
도　　구	• 〈유니세프〉 동영상, 워크북

(5) 마무리: 아름다운 마무리

마무리단계에서는 프로그램에 참가한 모습과 만들었던 성과물을 함께 감상한 후 느낀 점을 발표한다. 즉 프로그램에 참여하며 전체적으로 느낀 점, 배운 점, 변화된 점에 대해 소감문을 작성하고 발표를 통해 감상을 함께 공유한다.

프로그램명: 아름다운 마무리(40분)	
목 표	• 프로그램에 참가한 의미를 인식한다. • 프로그램에 참여하면서 느낀 점을 발표한다. • 프로그램 참가 후 자기 삶에 가져올 변화를 구체화한다.
세부 내용	• 프로그램에 참가한 모습과 만들었던 성과물을 함께 감상한 후 느낀 점을 발표한다. • 프로그램에 참여하며 전체적으로 느낀 점, 배운 점, 변화된 점에 대해 작성한다. • 각자가 작성한 소감문을 발표를 통해서 함께 공유한다.
도 구	• 워크북, 조용한 음악

차 례

1. 오리엔테이션 _친밀감 형성 16

2. 나, 이런 사람이야 _자아정체성 확립 22

3. 내가 제일 잘 나가 _자존감 회복 30

4. 입을 맞춰요 _존중과 소통 40

5. 나는 리더다 _책임과 협동 48

6. 정직SONG & 배려SONG _정직과 배려 56

7. 틀린 문화 말고, 다른 문화 _공감과 소통 64

8. 글로벌 에티켓을 지켜요 _소통과 배려 78

9. 유니세프와 함께 세계 친구야 파이팅 _배려와 책임 86

10. 아름다운 마무리 96

01

오리엔테이션

친밀감 형성

참된 삶은 만남이다

- 마르틴 부버 -

1 오리엔테이션 _친밀감 형성

활동목표

- 프로그램의 필요성과 의의를 알 수 있다.
- 프로그램에 대해서 기대와 희망을 갖는다.
- 참가자 간 친밀감을 형성한다.

도입(5분)

- 진행자가 자신을 소개한다.
- 참가자들이 자신을 간략하게 소개한다.

전개(30분)

- 계명 글로벌 시티즌 CCP-E 프로그램을 간략하게 소개한다(5분).
- 일정과 진행과정을 소개한다(5분).
- 색종이를 이용해서 별칭을 만들고 별칭을 외우는 시간을 가진다(20분).

정리(5분)

- 진행자가 프로그램에 대한 기대감을 고취시키고 참가자들을 격려하는 말로 정리한다.

유의사항

- 프로그램에 대해서 기대와 희망을 갖도록 유도한다.
- 편안하고 친근한 분위기를 유도한다.
- 진지한 분위기 속에서 각자가 발견한 자기 이미지를 공유하게 한다.

활동자료

1-1 내가 선택한 색깔과 나의 별칭을 글로 표현하고,
왜 그 별칭이 생각났는지 써 보자.

나는 ______________ 색을
선택했다.

• 내가 그 색깔을 선택한 이유:

나의 별칭은
______________ 이다.

• 내가 그 별칭을 지은 이유:

활동자료

1-2 프로그램을 참여하고 느낀 점을 표현해 보자.

02

나, 이런 사람이야

자아정체성 확립

가족은 다른 구성원이 위험에 처할 경우 그를 구하러 나설 수 있도록 서로 어디에 있는지 평생 알고 싶어 하는 유일한 조직이다.

– 프랑크 쉬르마허 –

아빠는 나에게 늘
바보 멍청이라고 하셔.
"이 멍청아
그것도 못해…"
엄마는 나를 다른 아이와
비교해서 부족하다고
생각하셔.
"옆집 누구는 1등 했다더라.
그런데 우리 딸은…"
… … .
그런데 그게 정말
내가 그런 사람 일까?

내게도 나만의 좋은 점이 있을 수 있잖아…

활동목표

- 나의 특성에 대해 기술할 수 있다.
- 가족이 보는 자기 이미지를 객관화하고 새로운 자기 이미지를 형성할 수 있다.
- 현재의 자아상과 바라는 자아상을 설명할 수 있다.

도입(5분)

- 간단히 자기소개를 한다.
- 아이스 브레이크 게임(훈민정음)을 한다.

전개(30분)

- 문장 완성 검사를 실시하고 작성한 문장을 발표한다(5분).
- 가족에게서 들은 칭찬을 색종이에 적어서 칭찬모빌을 만든다(20분).
- 완성한 칭찬모빌에 대해서 발표한다(5분).

정리(5분)

- 활동을 통해서 느낀 점을 발표한다.

유의사항

- 가족의 눈을 통해 나의 모습을 탐색하고 소개할 수 있도록 유도한다.
- 자기 이야기를 솔직하고 편안하게 할 수 있는 분위기를 조성한다.
- 진행자는 곧바로 답을 주려고 하지 않고 다른 아이들이 이야기를 많이 하게 한다.

활동자료

2-1

우리 ________________ 는

나를 ________________ 라고

생각한다.

2-2 다른 사람의 발표에서 알게 되고 느낀 점을 써 보자.

모둠원	알게 된 것	느낀 점

활동자료

2-3 이 프로그램을 통해서 느낀 점을 표현해 보자.

03

내가 제일 잘 나가

자존감 회복

나와 함께 지옥에 가더라도, 단 하루만이라도 노예처럼 살지 말고, 자유로운 군주처럼 삽시다. 역사와 미래를 바꾸는 주인공이 되십시오!

– 니콜로 마키아벨리 –

3 내가 제일 잘 나가 _자존감 회복

활동목표

- 나는 누구인가에 대한 답을 구하고 스스로를 이해할 수 있다.
- 자신이 가장 좋았던 때를 회상하고, 가장 힘들었던 때를 새롭게 이해할 수 있다.
- 자존감을 회복할 수 있다.

도입(5분)

- 아이스 브레이크 게임(풍선 살리기)을 한다.

전개(30분)

- 내가 가장 불행했던 시절을 그림으로 그린다(10분).
- 내가 가장 불행했던 시절을 남들 앞에서 던져 버린다. 그리고 그 때의 감정과 관련해서 소리를 지르거나 표출한다(5분).
- 내가 가장 행복했던 시절을 그린다(10분).
- 내가 가장 행복했던 시절을 말로 표현한다(5분).

정리(5분)

- 활동을 통해서 느낀 점을 발표한다.

유의사항

- 나의 모습을 따뜻한 시선으로 탐색하고 소개한다.
- 자기 이야기를 솔직하고 편안하게 할 수 있는 분위기를 만든다.
- 5명씩 모둠을 만들고, 진지한 분위기 속에서 각자가 발견한 자기 이미지를 공유한다.

나의 가장 불행했던 기억을 풍선에 그린다.

풍선을 터뜨린 후 소리를 지르거나 행동으로 자연스럽게 표출한다.

내가 가장 행복했던 시절은 언제였을까?

그때 무엇이 나를 행복하게 했을까?

활동자료

3-1 풍선 위에 가장 불행했던 기억을 표현해 보자.

3-2 내가 제일 행복했던 기억을 표현해 보자.

활동자료

3-3 이 프로그램에 참여하면서, 느낀 점을 표현해 보자.

04

입을 맞춰요

존중과 소통

신은 우리가 성공할 것을 요구하지 않는다. 우리가 노력할 것을 요구할 뿐이다.

– 마더 테레사 –

그래서 내가…
…
내 말 듣고 있어?!
어…응…
헐…

활동목표

- 자신의 말하기와 듣기에 대한 태도를 점검하고 수정할 수 있다.
- 다른 사람과의 의사소통 기술 및 경청의 중요성을 깨달을 수 있다.

도입(10분)

- 활동목표를 안내한다.
- 평상시의 말하기와 듣기에 대한 태도를 점검한다.

전개(25분)

- 4명씩 모둠을 구성하여 4글자의 단어를 10개 정도 찾는다(10분).
- 한 모둠씩 나와서 진행자의 신호와 함께 각자 한 글자씩 큰 소리로 동시에 말하고, 나머지 모둠이 그 단어를 맞춘다(15분).

정리(5분)

- 입을 맞춰요 프로그램을 통해서 느낀 점을 발표한다.

유의사항

- 출제하는 각 단어의 난이도를 모둠별로 맞추도록 한다.
- 가능하면 학생들 스스로 단어를 선택하도록 하는 것이 좋은 방법이다.

활동자료

4-1

아래의 '입'과 '귀'의 그림을 보고 두 개의 차이점을 찾아 써 보자.

1. ______________________________

2. ______________________________

3. ______________________________

4-2

친구들과 지내면서 보고 싶지 않다고 눈을 마주치지 않았거나, 이야기를 듣고 싶지 않다고 귀를 막고, 말하고 싶지 않다고 입을 다물고 있었던 경험이 있으면 솔직하게 써 보자.

1. ______________________________

2. ______________________________

3. ______________________________

활동자료

4-3 이 프로그램에 참여하면서, 느낀 점을 표현해 보자.

너(타인)에 대한 이해
글로벌 시티즌 소양교육

05

나는 리더다

책임과 협동

가장 중요한 사람은 누구인가?
가장 중요한 일은 무엇인가?
가장 소중한 시간은 언제인가?

그 대답은
지금 내 앞에 있는 사람,
지금 내가 하고 있는 일,
지금 이 순간.

– 레프 톨스토이 –

나 이번 반장선거에 나갈 거야 !
너 공부 못하잖아?!
꼭 공부를 잘해야 반장을 할 수 있는것도 아닌걸?
그럼 넌 뭘 잘해서 반장 선거에 나가는데?
음… 내가 생각하는 반장은……

활동목표

- 자신의 장점을 발견함으로써 자존감을 높일 수 있다.
- 21세기가 요구하는 리더의 조건을 기술 및 설명할 수 있다.

도입(10분)

- '나는 리더다' 활동에 대해 안내한다.
- 자신과 다른 사람과의 차이점을 찾으면서 리더의 필요성에 대해 이야기 한다.
- 각자가 생각하는 리더의 조건에 대해서 찾아보고 이야기한다.

전개(25분)

- A와 B 모둠끼리 모여 젠가 한 개마다 리더에게 필요한 조건과 모둠원들의 이름을 하나씩 적는다(5분).
- 젠가를 한 개씩 뺐을 때 조건이 적혀 있는 경우는 왜 리더에게 그 조건이 필요한지, 모둠원의 이름이 적힌 젠가를 뺐을 경우는 이름이 적힌 그 친구의 장점을 하나씩 말해 준다(20분).

정리(5분)

- '나는 리더다' 활동을 통해서 느낀 점을 발표한다.

유의사항

- 참여자들에게 이 프로그램의 목적은 젠가를 무너뜨리지 않는 데 있는 것이 아니라, 리더가 갖추어야 할 조건을 공유하고 자신의 장점을 발견하여 자존감을 높이는 데 있음을 주지시킨다.

활동자료

5-1 아래의 그림을 보면서 떠오르는 생각을 써 보자.

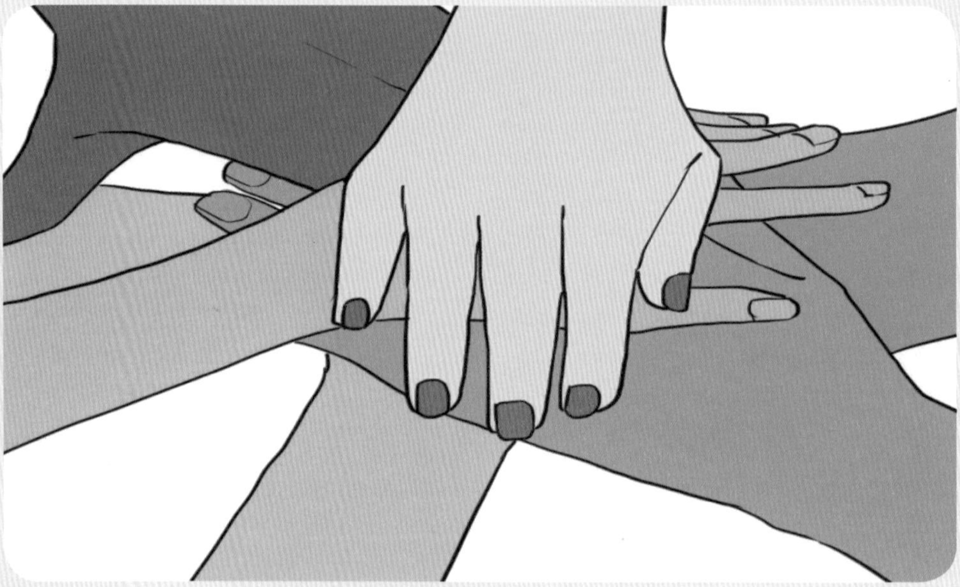

5-2

자신이 생각하는 리더가 갖춰야 할 조건을 써 보자.

활동자료

5-3 이 프로그램에 참여하면서, 느낀 점을 표현해 보자.

06

정직SONG & 배려SONG

정직과 배려

자신을 위해 애쓰기란 어려우나 나태함과 우매함 속에 버려두기란 쉽구나. 너 자신을 사랑하고 지켜라. 오늘도 내일도 언제나.

– Dhammapada –

흡!
뭐하니?
…!
저 그게…
솔직하게 말하지 그랬니?
정직하게 말했더라면 달라졌을까?

활동목표

- 정직과 배려의 필요성과 가치를 이해할 수 있다.
- 정직하고 배려하는 삶의 태도를 기를 수 있다.

도입(5분)

- 자신의 정직한 행동과 다른 사람을 배려한 경험에 대해 이야기해 본다.
- 공동체에서 정직과 배려가 필요한 경우와 방법에 대해 이야기해 본다.

전개(30분)

- 공동체에서 정직이나 배려를 실천해야 하는 이유와 가치를 이야기해 본다(5분).
- 공동체에서 필요한 정직과 배려를 주제로 '정직SONG' 또는 '배려SONG'을 만든다(15분).
- 모둠별로 만든 노래를 연습한 후에 발표한다(10분).

정리(5분)

- 정직과 배려를 잘 실천하기 위한 방법을 정리한다.
- 프로그램에 대한 느낀 점을 함께 나눈다.

유의사항

- 모둠에서 개사할 노래를 스스로 고를 수 있게 하고, 노래를 선택하지 못할 경우를 고려해 쉬운 동요나 교과서에 수록된 노래를 준비하여 제안한다.
- 노래는 1–2분 정도의 길이로 한다.

활동자료

6-1 공동체에서 정직이나 배려를 실천해야 하는 이유와 정직과 배려의 가치를 표현해 보자.

6-2 정직SONG과 배려SONG 중 하나를 골라 모둠원과 함께 노래 가사를 써 보자.

제목: ______________________

활동자료

6-3

내가 실천할 수 있는 정직과 배려의 방법에 대해 써 보자.

나는 정직한 사람이 되기 위해서

________________ 하겠습니다.

나는 가족들을 배려하기 위해서

________________ 하겠습니다.

나는 친구들을 배려하기 위해서

________________ 하겠습니다.

07

틀린 문화 말고, 다른 문화

공감과 소통

네가 세상에 태어났을 때
넌 울었지만 세상은 즐거워했단다.
네가 죽을 때 세상이 울고 슬플 수
있는 삶을 살거라.

– 아메리카 인디언의 경구 –

여기 술은 안파나요?
우리식당은 이슬람레스토랑이라 술을안 팔아요
그럼 사다줄순 없나요?
아...
알코올이 없는 맥주도 안팔아요?
어..
한국에선 한국법을따라야죠
술을 팔아 보세요.

... 라고 사장님은 권하지만
저는 그럴수가 없었어요.

활동목표

- 문화적 차이로 인한 갈등 유형을 알고 해결 방안을 말할 수 있다.
- 문화적 다양성을 존중하는 태도를 설명할 수 있다.

도입(5분)

- 세계 여러 나라의 이름과 그 나라의 종교, 언어, 인종 등에 대해 자유롭게 이야기해 본다.

전개(30분)

- 우리가 갖고 있는 문화적 편견에 무엇이 있는지 이야기해 본다(5분).
- 문화적 차이에 대한 이해 부족으로 인해 발생한 문제 사례를 역할극을 통해 체험한다(15분).
- 문화적 차이를 인정하고 문화 다양성을 존중하기 위한 방법을 찾아 발표한다(10분).

정리(5분)

- 문화적 다양성을 존중하는 삶을 위해, 우리에게 필요한 생활 태도와 실천 방법을 정리한다.

유의사항

- 다른 나라의 문화에 대해서 우월감이나 편견없이 타문화를 이해할 수 있도록 지도한다.

활동자료

7-1 다른 나라의 문화에 대한 이해 부족으로 인해 발생한 문제 사례를 살펴보자.

저는 미국인
일본인계 교사입니다
토노(35) 교사
하지만 아시아인 같은 겉모습에 종종 오해를 사곤합니다.
티처!
what?
한국인 아니에요?
두유노 싸이?
외모만 보고 한국인으로 말이죠.
백인이 아닌 미국인은 간혹 이런 엉뚱한 대접을 받기도 해요.
I'm not korean….

활동자료

7-2

아래의 세계 지도에, 내가 알고 있는 '나라'의 이름을 쓰고 그 나라의 인종과 종교, 음식, 기후 등에 대해 알고 있는 것을 표현해 보자.

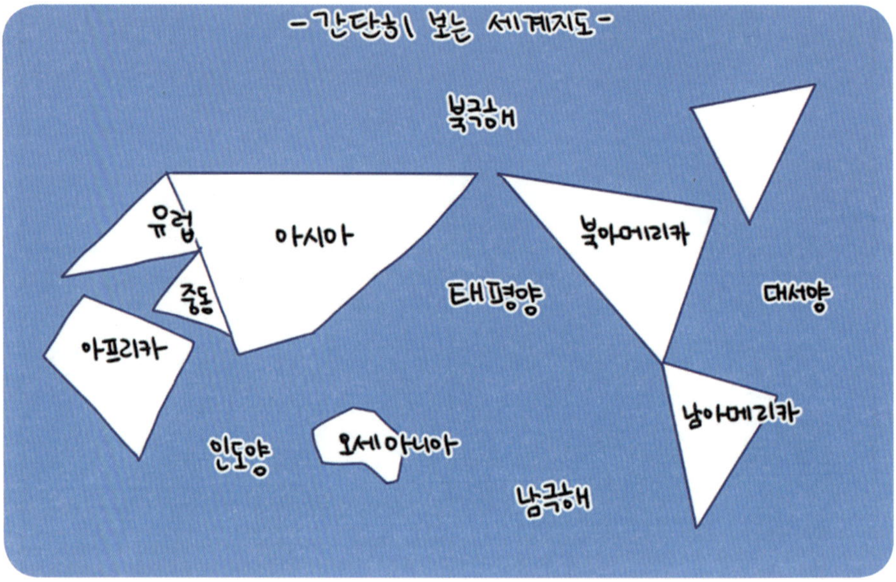

7-3 아래 상황 중 하나를 골라 역할극을 준비해 보자.

<table>
<tr><td>1</td><td>• 이름: 자하라
• 나라: 인도네시아
• 종교: 이슬람교
• 하는 일: 초등학생
• 가족: 아버지, 어머니, 동생
• 특징
① 돼지고기를 먹을 수 없다. 할랄 음식만 먹어야 한다.
② 하루에 다섯 번 정해진 시간에 기도해야 하는데, 수업 중일 때도 있다.
③ 히잡을 쓰고 있으면 답답해 보인다고 벗으라고 한다.
④ 한국 친구들이 나에게 IS와 관련이 있냐고 자꾸 묻는다.</td></tr>
<tr><td>2</td><td>• 이름: 드록바
• 나라: 코트디부아르
• 하는 일: 생선 배달
• 특징
① 프랑스말을 할 수 있지만, 한국말은 잘하지 못한다. 그래서 아이의 학교 선생님과 대화하기 어렵다.
② 지하철을 타면 사람들이 쳐다보고, 내 옆에 빈자리가 있어도 앉지 않기 때문에 기분이 안 좋다.
③ 놀이터에서 우리 아이들이 놀고 있으면, 다른 아이의 부모들이 자리를 피한다.</td></tr>
<tr><td>3</td><td>• 이름: 누엔 헝 마이
• 나라: 베트남
• 하는 일: 한국 대학 물리학과 교수
• 특징
① 한국에 돈을 받고 결혼하러 왔냐고 한다.
② 한국 사람들은 베트남이 가난하고, 더러운 나라라고 생각하고 무시하는 말을 한다.</td></tr>
</table>

활동자료

7-4 다음은 역할극을 위한 예입니다. 7-3의 이야기 중에 하나를 골라 역할극을 만들어 연습해 보자.

자하라! 어디가는거죠?
선생님.
저 지금 기도
시간이에요.
자하라!
수업시간에
일어나면
안 돼요!

활동자료

7-4

자하라, 너
뉴스 봤어?
'IS' 계속되는 테러
어제도
IS가 사람들을
죽였대.
너희
가족도
IS야?
쿠궁...!
?

활동자료

7-5 문화적 차이를 존중하면서 함께 살아가기 위해, 우리가 실천할 수 있는 생활 태도와 방법을 표현해 보자.

08

글로벌 에티켓을 지켜요

소통과 배려

마음에는 예의란 것이 있다. 그것은 애정과 같은 것이어서 그같이 순수한 예의는 밖으로 흘러나와 외면 행동으로 나타나는 것이다.

- 괴테 -

8 글로벌 에티켓을 지켜요 _소통과 배려

활동목표

- 글로벌 시대와 세계 공동체에 대해 설명할 수 있다.
- 글로벌 에티켓의 중요성을 설명할 수 있다.

도입(5분)

- 목표와 진행과정을 안내한다.
- 글로벌 시대와 세계 공동체에 대해서 설명한다.

전개(30분)

- 글로벌 시대에서 어떤 행동이 무례한 행동인지 목록을 살펴보고 추가로 작성한다(5분).
- 글로벌 에티켓을 주제로 '좋아요/싫어요' 포스터를 모둠별로 그린다(20분).
- 작성한 포스터를 발표한다(5분).

정리(5분)

- 활동들을 회상해 보고, 기억나는 사건이나 경험, 배운 점, 아쉬운 점이나 반성, 다짐이나 계획 등을 발표한다.
- 이 활동을 통해서 느낀 점을 발표한다.

유의사항

- 글로벌 시대의 에티켓에 대해서 생각해 볼 수 있도록, 정서적 지지를 제공한다.

활동자료

8-1 글로벌 시대의 무례한 행동에 대해 알아보자.

- 유명 여행지에 한글로 낙서를 한다.
- 휴지나 담배꽁초 등을 길거리에 버린다.
- 길거리에서 침이나 가래를 뱉는다.
- 술에 취해 이상하고 부끄러운 행동을 한다.
- 밤늦은 시간에 큰 소리로 노래를 부르거나 떠든다.
- 친한 사람끼리 서로 욕설을 한다.
- 현지인들에게 욕설을 쓰거나 지나치게 항의를 한다.
- 공공장소에서 지나친 애정행각을 벌인다.
- 지나치게 소리 내며 음식을 먹는다.
- 지하철에서 다리를 쩍 벌리고 앉는다.
- 버스에서 다른 사람이 앉을 수 없게 옆자리에 가방이나 짐을 놓는다.
- 차를 운전할 때 교통질서를 지키지 않는다.
- 촬영금지 구역에서 사진촬영이나 동영상 촬영을 한다.
- 길거리나 구석진 곳에서 소변을 본다.
- 문화재를 만지거나 훼손한다.
- 공공장소에서 고스톱을 치면서 큰 소리로 떠든다.
- 사람들이 보는 앞에서 싸움을 한다.
- 도서관, 지하철, 식당 등에서 큰 소리로 떠든다.
- 사람들이 줄 서 있는데 새치기를 한다.
- 손가락질을 하면서 이야기를 한다.
- 약속을 잘 안 지킨다.

기타 글로벌 시대의 무례한 행동

활동자료

8-2 글로벌 에티켓을 주제로 '좋아요/싫어요' 포스터를 그려보자.

좋아요	싫어요

8-3 이 프로그램에 참여하면서, 느낀 점을 표현해 보자.

09

유니세프와 함께 세계 친구야 파이팅

배려와 책임

다른 사람들의 말에 항상 귀를 기울이고 함께 살아가라. 자신만 생각하고 살다 보면 자기중심적인 사람이 된다. 고인 물은 썩기 마련이다.

– 프란치스코(Francis) 교황 –

9 유니세프와 함께 세계 친구야 파이팅 _배려와 책임

활동목표

- 세계 시민으로서의 책임과 의무를 기술할 수 있다.
- 공동체의식을 설명할 수 있다.
- 나눔과 배려의 가치를 설명할 수 있다.
- 스스로 실천할 수 있는 나눔과 배려의 구체적인 목표를 수립할 수 있다.

도입(5분)

- 활동목표를 안내한다.
- 동영상 시청과 함께 할 활동에 대해 안내한다.

전개(30분)

- 〈유니세프〉 동영상을 시청하고, 나눔과 배려가 필요한 지구촌을 이해한다(5분).
- 나눔과 배려의 의미를 생각해보고 글로 표현해본다(5분).
- 각자 나눔과 배려를 실천할 방법을 생각해보고 글로 표현한다(10분).
- 자신이 쓴 내용에 대해 발표한다(10분).

정리(5분)

- 이 활동의 의미를 함께 공유한다.
- 이 활동을 통해서, 각자의 삶에 작은 변화라도 가져올 수 있도록 실천하자고 제안한다.

유의사항

- 자발적으로 발표할 수 있는 분위기를 조성한다.
- 진지하게 자신의 삶에서 나눔과 배려를 실천할 수 있는 방안을 찾도록 지도한다.

세계 시민은 어떤 책임과 의무를 지켜야 할까?

나는 다른 사람에게 무엇을 나누고 배려할 수 있을까?

활동자료

9-1 '유니세프'를 소개하면 다음과 같다.

1. '유니세프'란

유니세프(United Nations Children's Fund, UNICEF)는 2차 세계대전 직후인 1946년에 창립된 유엔기구이다. 지난 약 70여 년 동안 유니세프는 인종, 종교, 국적, 성별과 관계없이 전 세계 개발도상국에서 거리의 아이들과 어린이 노동자, 난민 어린이 등 어려운 처지에 놓인 어린이를 위하여 영양, 보건, 식수공급 및 위생, 기초교육 분야에서 다양한 보호사업을 펼쳐왔다. 1989년 유엔아동권리협약의 채택으로 어린이 권리 문제가 국제적인 의제로 떠오르면서 유니세프의 활동은 어린이 생존과 보호, 발달, 참여 분야에 이르기까지 아동 권리 전체로 확대되었다.

현재 유니세프는 유엔이 채택한 새천년 개발목표 8개항을 달성하기 위해 보건, 에이즈, 식수와 위생, 영양, 교육, 어린이 보호, 사회통합 7가지 중점 사업 분야를 정하고 190개 이상의 국가 및 영토에서 활동하고 있으며, 156개 개발도상국에서 어린이들의 생명을 구하고, 어린이의 삶을 개선하기 위한 다양한 사업을 펼치고 있다.

*유니세프에 대한 소개는 유니세프한국위원회 홈페이지의 내용을 인용함.

2. 유니세프한국위원회 홈페이지(http://www.unicef.or.kr)

활동자료

9-2 유니세프 홍보 동영상을 본 후에 나눔과 배려의 의미를 생각해 보고, 떠오는 단어로 표현해 보자.

<생명을 구하는 선물교육>

https://www.youtube.com/watch?v=gkTI73M9B3c

<이은결의 팝코인 매직쇼(100원의 가치)>

https://www.youtube.com/watch?v=uoZYk7oducI

내가 생각하는 나눔과 배려는 ______________________ 다.

9-3 스스로 실천하고 싶은 나눔과 배려 선언문을 써 보자.

나눔과 배려 선언문

1. 나는 ____________를 위해서

____________이라는

나눔과 배려를 할 것이다.

2. 나는 ____________를 위해서

____________이라는

나눔과 배려를 할 것이다.

3. 나는 ____________를 위해서

____________이라는

나눔과 배려를 할 것이다.

활동자료

9-4 다른 친구가 발표한 나눔과 배려 가운데 나도 할 수 있다고 생각하는 것과 함께 하고 싶은 내용이 있다면 써 보자.

친구	나도 할 수 있는 나눔과 배려	함께 하고 싶은 나눔과 배려
1		
2		
3		
4		
5		
6		
7		
8		
9		
10		

9-5

이 프로그램에 참여하면서, 느낀 점을 표현해 보자.

10
아름다운 마무리

인간의 천성은 비슷하나 습관의 차이가 큰 차이를 만든다.

– 공자 –

10 아름다운 마무리

활동목표

- 프로그램에 참가한 의미를 알 수 있다.
- 프로그램에 참여하면서 느낀 점을 말할 수 있다.
- 프로그램 참가 후 자기 삶에 가져올 변화를 구체화할 수 있다.

도입(5분)

- 프로그램의 내용과 성과물을 순서대로 하나씩 확인한다.

전개(30분)

- 프로그램에 참가한 모습과 만들었던 성과물을 함께 감상한 후 느낀 점을 발표한다(10분).
- 프로그램에 참여하며 전체적으로 느낀 점, 배운 점, 변화된 점에 대해 작성한다(10분).
- 각자가 작성한 소감문을 발표를 통해서 함께 공유한다(10분).

정리(5분)

- 프로그램 참가의 의미를 설명하고, 프로그램을 마무리한다.
- 사후 설문 조사를 실시한다.

유의사항

- 차분한 음악을 준비하여 전체 일정을 돌아보고 훈훈한 마무리가 되게 한다.
- 소감문을 성실하게 작성할 수 있도록 지도한다.

활동자료

10-1 글로벌 시티즌 인성함양 프로그램에 참여하며 느낀 점, 배운 점, 자신의 변화에 대해 생각해 보자.

나는 이 프로그램에 참가하면서

________________________ 을 느꼈다.

나는 이 프로그램에 참가하면서

________________________ 을 배웠다.

나는 이 프로그램에 참가한 후

________________________ 이 변했다.

활동자료

10-2 글로벌 시티즌 인성함양 프로그램에 참여한 소감을 표현해 보자.

초등학생 인성함양을 위한

글로벌 시티즌 CCP-E 워크북

집필진

고기홍_ 계명대학교 교양교육대학 교수

김재현_ 계명대학교 교양교육대학 교수

김춘이_ 계명대학교 교양교육대학 교수

김형찬_ 계명대학교 교양교육대학 교수

송현주_ 계명대학교 교양교육대학 교수

이현지_ 계명대학교 교양교육대학 교수

그림

이예진

• 이 책은 2015년도 계명대학교 연구비를 지원받았음.

초등학생 인성함양을 위한

글로벌 시티즌 CCP-E 워크북

초판1쇄 인쇄 2017년 1월 18일
초판1쇄 발행 2017년 1월 25일

지 은 이 계명대학교 계명인성교육원 편
펴 낸 이 신 일 희
펴 낸 곳 계명대학교출판부
출판등록 제347-1998-1호(1970. 9. 1)
주 소 대구광역시 달서구 달구벌대로 1095
대표전화 053-580-6233
팩 스 053-580-6235
홈페이지 www.kmupress.com

ISBN 978-89-7585-760-7 03320 **정가 14,000원**

이 도서의 국립중앙도서관 출판예정도서목록(CIP)은 서지정보유통지원시스템 홈페이지(http://seoji.nl.go.kr)와
국가자료공동목록시스템(http://www.nl.go.kr/kolisnet)에서 이용하실 수 있습니다.(CIP제어번호: CIP2017001509)